はじめに

　今、第3次羊肉ブームが来ています。第1次ブームは1980年代のジンギスカンの流行。これは、北海道の観光ブームや、羊肉の輸入の増加などが影響しています。第2次ブームは2000年代初頭で鳥インフルエンザなどの食肉に関する問題の影響で、それらへの感染の恐れのない羊肉に注目が集まりました。また、羊肉に含まれるL-カルニチンというアミノ酸の一種が、運動と組み合わせることで、効率よく脂肪を燃焼させることが話題となり、しかも牛肉や豚肉の2〜4倍含まれることが注目されたのもこの頃でした。

　そして羊肉はブームにとどまらず、家庭に入り込み定着しつつあります。牛肉、豚肉、鶏肉と並び第4の食肉と認識されつつあるのです。最近羊肉はスーパーでもネットショップでも気軽に手に入る食材です。レストランでもメインの肉として提供するところが世界的に増えている上、春・秋に行われる園遊会で、毎回提供されているジンギスカンが話題になるなど、羊肉は日本でも世界でも需要が高まりつつあるグローバルフードでもあるのです。

　赤身肉であり、自然の牧草で育つ羊は、トレーニングをする人、健康に気を付ける人の間でも注目を集めています。当協会の調査によると、数年前は羊肉を出すレストランは、300店舗もなかったのですが、最近では500店舗を超え、まだ増え続けています。

　現在羊肉は輸送技術の進化、多様なブランドの輸入のスタート、羊肉の扱いに日本人が慣れてきたこともあり、かつての「硬い、臭い、安い」肉というイメージはほぼ払拭（ふっしょく）されています。

　この本は、家庭で気軽にトップシェフの味を再現し、羊肉をもっと楽しんでいただくべく、消費者団体「羊齧協会（ひつじかじり）」が監修しました。

　この本を手引きに、家庭で「羊をめぐる冒険」をお楽しみいただければ幸いです。

羊齧協会（ひつじかじり）代表
菊池一弘

Contents

- 3 はじめに
- 7 **chapter 1** フレンチ　家庭羊料理

  - 8 羊のポトフ
  - 10 羊の白ワイン煮込み
  - 12 羊の赤ワイン煮込み(ストロガノフ)
  - 13 羊と赤玉ねぎのビネガーマリネ
  - 14 羊とキャロットラペのラップサンド
  - 16 ラムチョップのソテーアンチョビソース
  - 18 羊のラビオリピペラードソース
  - 20 羊とレタスのパピヨット
  - 22 羊のローストブイヨン仕立て
  - 24 **Column** オススメ羊肉レシピ 1　ラムじゃが

- 25 **chapter 2** 中華　家庭羊料理

  - 26 よだれ羊
  - 28 ラム舌とセロリの冷菜
  - 29 羊のパクチー炒め
  - 30 羊とかぼちゃの春巻き
  - 32 ラムチョップの唐辛子炒め
  - 34 羊のにらミントソース
  - 36 ラムチョップのビール煮込み
  - 38 羊すいとん風
  - 40 羊の炊き込みご飯
  - 42 **Column** オススメ羊肉レシピ 2　葱爆羊肉（ツオンバオヤンロウ）

chapter 3 エスニック　家庭羊料理

- 44　スパイスアップラムチョップ焼き
- 46　羊とれんこんの焼きそば
- 48　マトンとトマトの炒め煮
- 50　羊とセロリのジャーミン風炒め
- 52　サグラムカレー
- 54　羊ときのこの炒め
- 56　羊のタンドリー焼き
- 58　ラムキーマスープカレー
- 60　Column オススメ羊肉レシピ 3
　　グリーンピースペーストの羊サンドイッチ

chapter 4 和風　家庭羊料理

- 62　羊おでん
- 64　羊のぬた
- 66　羊つみれ
- 68　ラムチョップの味噌漬け
- 70　ラムチョップのパクチー味噌焼き
- 72　羊松風焼き
- 74　羊の揚げおろし
- 76　羊たたきポン酢あんかけ
- 77　羊雑炊

78 プロが教える！ 羊肉の扱い方

79 市販の味付きジンギスカンをおいしく食べる
まつじん丼

80 羊の基本
羊肉の部位について
ラムとマトンってどう違うの？

81 羊の種類

82 各国友好促進団体の秘伝のレシピ
羊肉燜麺（ヤンロゥランメン）／プロフ／羊のフェイジョアーダ

84 羊肉の99％は輸入！ 輸入羊について

86 日本に羊肉が入ってくる流れ

88 今話題の国産羊

89 羊文化飛び地地域

90 羊を愛する一般家庭のレシピ
ラムソーセージ／ラムチョップの煎酒（いりざけ）ソース
エスニックラム煮込み

92 羊齧協会がオススメする！
羊肉がおいしいお店

93 レシピ考案シェフ

94 羊肉が買えるネットショップ
羊肉に力を入れているスーパーマーケット
羊肉を扱っている輸入商社

フレンチ家庭羊料理

ザ・リッツ・カールトン東京
アジュール フォーティーファイブ
スーシェフ
宮島由香里

羊のポトフ

羊肉のうま味が溶け出したスープがとにかくおいしい！
野菜の甘みと絶妙にマッチ！

材料 2人分

ラム肩ロース（ステーキ用）…300g
塩…5g
〈鶏節のブイヨン〉…500ml
　水…1ℓ
　鶏節…100g＊＊

乾燥させた鶏肉をかつお節のように削ったもの。新しい出汁として今注目が集まっている（詳細P96）

干し椎茸…1個
玉ねぎ…1/2個
人参…1/2本
セロリ…1本
にんにく…1かけ
＊野菜類は全て薄くスライスする
＊市販のコンソメの素（分量は商品による）を使用してもOK

人参（大きめの乱切り）…1本
玉ねぎ（3cm厚さくし形に切る）…1個
じゃがいも（一口大の乱切り）…2個
セロリ（斜め切り）…120g
キャベツ
（1/10個分を半分に切る）…230g
ローリエ…1〜2枚
塩…1〜2g（好みの量）
こしょう…1g（好みの量）

作り方

1
一口大に切った羊肉に塩をもみ込み、半日ほどなじませる。

2
鶏節のブイヨンを作る。材料全て鍋に入れ、沸いたらアクを取り、弱火〜中火で約30分煮出し、ざるでこす（ブイヨンを作る時間がないときは、市販のコンソメの素を使用してもOK）。

3
1の表面の塩を水で洗い流し、鍋に**2**の鶏節のブイヨンと共に入れて中〜強火にかける。

4
人参、玉ねぎ、じゃがいも、セロリ、キャベツ、ローリエを加え、アクを取り、中火で30分以上煮込む。

5
塩、こしょうで味を調えて完成。

羊の白ワイン煮込み

家族みんながおかわり！
羊の味がしっかり出ていてしょうがとにんにくで、体ポカポカ。

材料 2人分

- ラム肩ロース(カレー用)…300g
- 塩…2g
- こしょう…1g
- しょうが(スライス)…30g
- にんにく(スライス)…1かけ
- オリーブオイル…大さじ1
- 玉ねぎ(10等分)…1個
- 白ワイン…150ml
- 水…300ml
- *もしくは鶏節のブイヨン(P9)
- ひよこ豆(水煮)…100g
- かぶ(6～8等分にカット)…1個
- プチトマト…8個
- ミント…飾り用

作り方

1
鍋でしょうが、にんにくをオリーブオイルで香りが立つまで炒め、玉ねぎを加え、さらに塩1g(分量外)をふる。

2
塩、こしょうをした羊肉をしっかり熱したフライパンで両面に焼き色がつく程度に強火で1～1分半くらい焼き(中は生でもOK)、1の鍋に加える。

3
白ワインを加え、アルコールを飛ばしたら、水もしくは鶏節のブイヨンを加える。

4
アクを取り、ひよこ豆と塩1g(分量外)を加えて約20分煮込む。

5
かぶ、プチトマトと塩3g(分量外)を加えてさらに約10分煮込んで完成。盛り付けの際ミントを散らす。

羊の赤ワイン煮込み(ストロガノフ)

材料 2人分

ラム肩ローススライス
(ジンギスカン用)…250g
塩…5g／こしょう…2g
玉ねぎ(スライス)…1個
サラダ油…大さじ3
薄力粉…20g
カレーパウダー…5g
赤ワイン…300g

トマト(1.5cm角に切る)…1個
赤いんげん豆水煮…100g
水…200mℓ
＊もしくは鶏節のブイヨン(P9)

〈バターライス〉
米…1合
バター…10g
白ごま…12g

酸味とスパイスの効いた羊の味が
ごまの入ったバターライスにピッタリ！

作り方

1. バターライスを炊く。米、バター、白ごまを炊飯器に入れ1合分より少なめの水で炊く。

2. 鍋でスライスした玉ねぎに塩2g(分量外)を加えサラダ油で炒め、しんなりとしたら、塩、こしょうをした羊肉を加えてさらに炒める。

3. 薄力粉とカレーパウダーを加えて炒め、なじんだところに赤ワインを加え、アルコールを飛ばす。

4. トマト、赤いんげん豆、水もしくは鶏節のブイヨンスープを加え、塩4g、砂糖5g(共に分量外)を加え約10分煮込む。皿に盛り、**1**のバターライスを添える。

羊と赤玉ねぎのビネガーマリネ

材料 2人分

- ラム肩ローススライス（焼き肉、ジンギスカン用）…200g
- 塩…2g
- こしょう…1g
- 薄力粉…表面にまぶす程度
- オリーブオイル…大さじ2
- にんにく（1/2にカット）…1片
- 赤唐辛子…1/2本
- コリアンダー…20粒
- 赤玉ねぎ（10等分）…1個
- 白ワインビネガー…40㎖／塩…3g／砂糖…5g／水…100㎖ ＊もしくは鶏節のブイヨン(P9)
- サラダ油…100㎖
- パクチー…飾り用

マリネ液がしっかりとしみ込んだ柔らかい羊肉が玉ねぎとマッチ！羊初心者さんにもオススメ。

作り方

1. 鍋にオリーブオイルとにんにく、赤唐辛子、コリアンダーを入れ、香りを出す。
2. 1に10等分にスライスした赤玉ねぎを加え、食感を残す程度に全体が少し透き通るまで炒め、白ワインビネガーを加えて軽く酸を飛ばし、塩、砂糖、水を加え、沸騰させる。
3. 塩、こしょうをした羊肉に薄力粉をまぶし、サラダ油をひいたフライパンで両面揚げ焼きにする。火を通し過ぎないのがコツ。
4. 2の鍋に3の肉を入れ、和えてなじませてパクチーを飾り完成。

羊とキャロットラペのラップサンド

ラペのクミンシードがポイント！
野菜＆お肉がたっぷりで
満足感100％！

材料 2人分

ラム肩ローススライス
（ジンギスカン用）…150g
〈マリネ液〉
∥ にんにく（スライス）…4枚
∥ 塩…1g ／こしょう…1g
∥ 赤ワイン…20㎖
〈キャロットラペ〉
∥ オリーブオイル…大さじ3
∥ クミンシード…2g
∥ 人参（せん切り）…1本
∥ 塩…3g
∥ 砂糖…2g
∥ 白ワインビネガー…20㎖
〈ロックフォールペースト〉
＊ブルーチーズが苦手な人は
マヨネーズでもOK
∥ ロックフォールチーズ…40g
∥ ハチミツ…大さじ1
赤玉ねぎ（スライス）…1/2個
ザワークラウト（瓶詰め）…80g
＊ピクルスなど酸味のあるもので代用可
グリーンリーフ…2〜3枚
トルティーヤ生地…2枚

作り方

1
マリネ液の材料を混ぜ合わせて、5〜10分程度羊肉をつける。

2
キャロットラペを作る。フライパンにオリーブオイルとクミンシードを入れ、香りが出てきたらせん切りした人参を加え、塩、砂糖、白ワインビネガーを加え、さっと和える。

3
ロックフォールペーストを作る。ロックフォールチーズにハチミツを加え、ペースト状にする。

4
1の羊肉をフライパンで、中火で約1分肉に火が通るまで焼く。

5
トルティーヤに4のロックフォールペーストを生地のフチまでしっかり塗り、グリーンリーフ、ザワークラウト、2のキャロットラペ、赤玉ねぎ、5の羊肉、を乗せて巻き方を参照して巻く。

巻き方

1
ラップにトルティーヤ生地を広げて具材をのせる。

2
ラップごと一度巻き、上から形を整える。

3
ラップを一度外し、じかに上から形を整える。

4
再度ラップを被せ、形を整えながら巻く。
端を2度ほど折る

5
ラップの左右を絞って形を整える。
具材のはみ出しは中に入れ込む

6
全体の形を整えて完成。

ラムチョップのソテーアンチョビソース

アンチョビの絶妙な塩加減がたまらない!
かんたん&おいしい我が家の定番ごちそうになりそう!

材料 2人分

- ラムチョップ…4本
- 塩…2g
- こしょう…1g
- サラダ油…大さじ1
- にんにく…1かけ
- ローズマリー…2〜3本
- 芽キャベツ…10個
- グリーンピース…10g
- アンチョビペースト…15g
- 水…大さじ1
- オゼイユ(好みのハーブ)…適量

作り方

1
フライパンにサラダ油を入れて中火にかけ、にんにくとローズマリーを加え、香りを出す。

2
塩、こしょうをしたラムチョップを強めの火加減で脂面から焼き、両面も焼き色がつくようにさっと焼く。**1**と共に約10分アルミホイルで包み、余熱で中まで火を通す。

3
付け合わせの芽キャベツ、グリーンピース(季節の緑野菜なら何でもOK)を**2**のフライパンで焼く。

4
フライパンにラムチョップを戻し、表面を焦げ目がつくまでさっと焼き、取り出す。

5
アンチョビソースを作る。**4**のフライパンにアンチョビペーストを加え、軽く火を通す。水を加えて味を調節する。ラムチョップにソースをかけ、**3**の野菜やオゼイユを盛り付けて完成。

羊のラビオリ
ピペラードソース

ラビオリとピペラードソース、
トロッと溶けたチーズの相性が最高！

材料 2人分

ラムひき肉…150g
〈ラビオリの具（ひき肉以外）〉
- 玉ねぎ（みじん切りし、しんなりするまで炒めて冷ましておく）…1/2個
- 塩…1g
- こしょう…0.5g
- 山椒…0.5g

〈ピペラードソース〉
- オリーブオイル…大さじ1
- にんにく（スライス）…1かけ
- 玉ねぎ（スライス）…1/2個
- パプリカ（赤、黄）（スライス）…各1/2個
- 塩…3g
- トマト（1.5cm角に切る）…1個

餃子の皮（1/2に切る）…6枚
オリーブオイル…小さじ2
ペコリーノロマーノチーズ…2〜3g

作り方

1
ピペラードソースを作る。鍋にオリーブオイルとにんにくを入れ、少し色づいたらスライスした玉ねぎ、パプリカ、塩を加えて弱火〜中火で約20〜30分、じっくりとしんなりするまで炒める。途中焦げるようであれば水を加える。

2
トマトを加え、トマトの形がなくなり全体の色がなじむまで炒める。

3
ラビオリの具を作る。ひき肉に玉ねぎ、塩、こしょう、山椒を加え、こねる。

4
餃子の皮を半分に切り、具を包み、1分半ゆでる。

1 皮全体に水を塗り具を中央にのせる。

2 両端をたたむ。

3 口をしっかりとじる。

5
皿の**2**の上に**4**のラビオリをのせ、仕上げにオリーブオイルとすりおろしたペコリーノロマーノチーズをふりかける。

羊とレタスのパピヨット

レタスに包まれた肉がジューシー。鶏節がいいアクセントに！

材料 2人分

- ラムひき肉…150g
- 玉ねぎ（みじん切りし、しんなりするまで炒めて冷ましておく）…1/2個
- 溶き卵…1/2個分
- 塩…2g
- こしょう…1g
- レタス…4枚
- 鶏節（P9、96参照）…10g
- ズッキーニ（8mm厚さにスライス）…1/2本
- レモン（スライス）…1/2個
- タイム…4本
- 白ワイン…大さじ1

作り方

1
ひき肉に玉ねぎ、卵、塩、こしょうを加え、こねる。

2
レタスをさっと湯通しし、水けを切って、1を包む。

1 水けをよく切ったレタスの中央に具を置く。

2 レタスを下から被せる。

3 両サイドから包む。

4 残ったレタスの葉で全体を包み完成。

口をしっかりとじる。

3
クッキングシートに鶏節をしき、2のレタス包み、ズッキーニ（焼き色をつけるとよい）、レモン、タイムをのせて白ワインを上からふりかける。

4
シートをとじて、200℃のオーブンで約15分蒸し焼きにして完成。

羊のロースト
ブイヨン仕立て

これが自宅で作れるなんて！
さすが一つ星の味といわれる逸品。

材料 2人分

- ラムもも肉(ステーキ用)…100g×2
- 塩…2g
- こしょう…1g
- にんにく(半分に切る)…1片
- ローズマリー…1本
- サラダ油…50g
- ブラウンマッシュルーム…4個
- なす…1本
- ズッキーニ(黄、緑)…各1/4本
- 鶏節のブイヨン(P9)…150mℓ
- コーンスターチもしくは片栗粉…少々

作り方

1
羊肉に塩、こしょうをして、にんにく、ローズマリー、サラダ油と共に密閉袋に入れ、出来る限り真空状態にする。

2
約60℃のお湯の中で35〜45分、**1**を温める。全体に赤っぽさは残っているが中までしっかり火は通っている。

3
ブラウンマッシュルーム、なす、ズッキーニを1cm角に切り、塩1g(分量外)を加え、フライパンでしんなりするまで炒める。

4
鶏節のブイヨンを温め、塩(2g分量外)で味を調え、コーンスターチでとろみをつける。

5
2の羊肉を、フライパンで表面に焦げ目がつくようにさっと焼く。

6
5の肉を1人分の大きさに切り分けて盛り付け、スライスしたブラウンマッシュルーム(分量外)を散らし、**4**のスープを注いで完成。

COLUMN
オススメ羊肉レシピ 1

オージー・ラムのマーケティングやPRを行う食肉団体「ミートアンドライブストックオーストラリア（MLA）」が認定する、ラム肉の魅力を発信する食のプロ集団、それが「ラムバサダー」です。MLA公認ラムバサダーのオススメレシピを紹介！

ラムじゃが

材料（2人分）

ラム肩ローススライス…110g
じゃがいも…110g
さつまいも（皮付き）…75g
人参（皮付き）…45g
きぬさや…3枚（飾り用）
人参…4切れ（飾り用）
塩…小さじ1

〈煮汁〉
水…125㎖
粉末かつおだし…1.5g
濃口しょうゆ…25g
砂糖…25g
本みりん…25g

作り方

1. じゃがいもは皮をむき一口大に切る。羊肉、人参、さつまいもを一口大にそろえる。
2. 1と煮汁の材料を全て鍋に入れてふたをし、中弱火で約15分煮る。冷めるまでふたを開けずに味を染み込ませる。
3. 飾り用のきぬさや、人参を小さじ1の塩を入れた湯で約1分下ゆでし、2にバランスよく散らす。

レシピ提供
山下春幸シェフ／ラムバサダー（http://aussielamb.jp/lambassador/）

chapter 2

中華
家庭羊料理

南方中華料理　南三(みなみ)
オーナーシェフ
水岡孝和

よだれ羊

大人気メニューよだれ鶏の羊バージョン!
よだれが出るほどおいしくてやみつきに!

材料 2人分

- ラムももスライス…200g
- レタス…1/2個
- 濃口しょうゆ…大さじ4
- みりん…大さじ2
- **Ⓐ**
  - にんにく(すりおろし)…1片
  - 一味唐辛子…小さじ1
  - カシューナッツ(粗みじん切り)…20g
- オリーブオイル…大さじ2
- 黒酢…大さじ1
- 長ねぎ(みじん切り)…1/2本

作り方

1 濃口しょうゆ、みりんを鍋に入れてひと煮立ちさせる。

2 ボウルにⒶを入れて、熱したオリーブオイルを大さじ2加える。

3 1と2を合わせ、黒酢とみじん切りした長ねぎを加える。

4 レタスを一口大にちぎる。

5 鍋に湯を沸かし、少量の塩と油(共に分量外)＊を加え、羊肉をゆでる。ゆで上がったら引き上げ、次にレタスを入れ、すぐに引き上げる。

＊沸点を上げ、野菜の色を保つため。

6 レタスについたアクを洗い流し一度冷水に取りよく水けを切り、一口大に切った羊肉と共に皿に盛り付け、上から3のソースをかける。

chapter 2

ラム舌とセロリの冷菜

材料 2人分

ラム舌…150g

A
- ローリエ…4枚
- しょうが(スライス)…1個(20g)
- 長ねぎ(ぶつ切り)…1本
- 水…2ℓ
- 塩…60g
- 日本酒…大さじ2

セロリ…50g

〈セロリマスタード醤〉
- セロリ(みじん切り)…大さじ2
- しょうが(みじん切り)…大さじ1
- 粒マスタード…大さじ1
- オリーブオイル…大さじ3
- 塩…小さじ1

ラム舌とセロリの歯ごたえがたまらない！ラム舌がこんなにおいしいなんて！

作り方

1. Aを鍋に入れて火にかけ、沸騰したらラム舌を入れて約40分ゆでる。粗熱を取ってから冷蔵庫で1時間ほど冷やす。

2. 1のラム舌を薄切りにする。セロリはピーラーですじを取り、薄切りにする。

3. セロリマスタード醤を作る。ボウルにみじん切りしたセロリ、しょうが、粒マスタードを合わせる。熱したオリーブオイルをかけて、塩で味を調える。

4. 2のセロリ、ラム舌を合わせて器に盛り、3をかける。

羊のパクチー炒め

材料 2人分

- ラムももスライス…200g
- A
  - にんにくペースト…小さじ1
  - しょうがペースト…小さじ1
  - 濃口しょうゆ…大さじ1
  - オイスターソース…大さじ1/2
  - ごま油…大さじ1
  - 豆板醤…小さじ1
- 長ねぎ（斜めにスライス）…1本
- パクチー（ざく切り）…30g
- 日本酒…大さじ1

さっと手軽にできておいしい！ご飯のおかずやつまみにピッタリ！

作り方

1 羊肉にAをよくもみ込みなじませる。

2 中華鍋もしくはフライパンを熱して、1の羊肉を加えて炒める。
*Aにごま油が含まれているので、油をひかずに炒める

3 2に長ねぎとパクチーを加えて炒め、最後に日本酒を加えてさらに炒めて完成。

羊とかぼちゃの春巻き

サクッとした春巻きは
クミンの風味がきいていて、
何本でも食べられちゃう！

材料 2人分

ラムひき肉…200g
(ラム肩ローススライスを
粗みじん切りしてもOK。P67参照)
玉ねぎ(みじん切り)…100g
A ┌ クミンパウダー…大さじ1
  │ 日本酒…大さじ1
  └ 塩…小さじ2
水溶き片栗粉…大さじ1
〈かぼちゃのマッシュ〉
 ┃ かぼちゃ…200g
 ┃ 塩…小さじ1
 ┃ クミンパウダー…小さじ1
 ┃ 粉チーズ…大さじ2
春巻きの皮…10枚
薄力粉を水で溶いたもの…少量
＊容器を逆さにしても落ちないくらい
硬めにする

作り方

1
フライパンを火にかけて、ひき肉を炒める。

2
みじん切りした玉ねぎを加えてきつね色になるまで炒めた後、Aを加えて炒め、水溶き片栗粉でとろみをつける。

3
かぼちゃのマッシュを作る。かぼちゃの皮を厚めにむき、ボウルに少量の水(分量外)とかぼちゃを入れ、電子レンジに入れ、竹串がスッと通るくらい柔らかくなるまで加熱する。

4
3をつぶして塩、クミンパウダー、粉チーズを入れてよく混ぜる。

5
2と4の南瓜のマッシュを合わせて冷蔵庫でよく冷やす。

6
春巻きの皮に5を大さじ2(約55g)のせて巻く。薄力粉を水で溶いたもので、のりづけする。

1 春巻きの皮に5の具をのせて皮を巻く。具を平らにするのがコツ。

2 さらに一度巻く。

3 両サイドを折る。

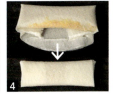
4 硬めに溶いた薄力粉を塗り、のりづけしながら巻く。

7
6を180℃の油(分量外)で揚げる。

ラムチョップの唐辛子炒め

揚げたラムチョップが香ばしくて柔らかくておいしい！ぜひ挑戦したいメニュー！

材料 2人分

ラムチョップ…4本
Ⓐ ┌ しょうがペースト…小さじ1
　├ 日本酒…大さじ1
　├ しょうゆ…大さじ1
　└ オリーブオイル…大さじ1
片栗粉…適量
赤唐辛子…40g
パクチー(ざく切り)…20g
日本酒…小さじ1
濃口しょうゆ…小さじ1
〈スパイス塩〉 *最初に合わせておく
‖ クミンパウダー…小さじ1
‖ ガラムマサラ…小さじ1
‖ 一味唐辛子…小さじ1
‖ 塩…小さじ1

作り方

1
ラムチョップを肉たたきかラップした空びんで薄くのばす。Ⓐをまぶして冷蔵庫で約1時間なじませる。

2
ラムチョップの水けを切って、両面に片栗粉をまぶし、180℃の油で2分揚げる。

3
フライパンに少量の油(分量外)と赤唐辛子とパクチーを入れて炒め、香りを出す。2のラムチョップを戻して、日本酒と濃口しょうゆ、スパイス塩大さじ1を加えて味を調える。

羊のにらミントソース

にらミントソースが
羊肉に絶妙にマッチ！
羊肉が苦手な人もこれならOK！

材料 2人分

ラム肩ロース（ステーキ用）…300g

Ⓐ
- しょうが（みじん切り）…30g
- 玉ねぎ（みじん切り）…60g
- クミンパウダー…大さじ1
- オリーブオイル…大さじ1

〈にらミントソース〉

Ⓑ
- にら（みじん切り）…1束
- スペアミント（みじん切り）…1パック
- しょうが（みじん切り）…5g
- レモングラス（みじん切り）…2本
  *下半分のやわらかい部分のみ使う
- 黒こしょう（粗びき）…15g

オリーブオイル…150㎖
ナンプラー…大さじ2
酢…大さじ1

作り方

1 Ⓐを合わせて羊肉にまぶし、冷蔵庫で半日漬け込む。

2 にらミントソースを作る。Ⓑを全てボウルに入れ、熱したオリーブオイルを入れて香りを出す。すぐにボウルの底に氷水をあてて冷やす。

3 ナンプラーと酢を入れて味を調える。

4 **1**の肉を常温に戻し、フライパンで表面を焼く。さらに250℃のオーブンで10～15分焼いて取り出し、余熱で火を通す。

5 **4**を厚めにスライスし、**3**のにらミントソースをかける。

chapter 2

ラムチョップのビール煮込み

柔らかくて、食べごたえたっぷり！
子どもも大人も大喜び！

材料 2人分

ラムチョップ…4本
塩…小さじ1
こしょう…小さじ1
クミンパウダー…小さじ1
じゃがいも(くし形に切る)…1個
青ピーマン(くし形に切る)…1個
赤ピーマン(くし形に切る)…1個
白絞油（しらしめゆ）…大さじ2
*なければサラダ油でもOK

Ⓐ
- にんにく(みじん切り)…小さじ1
- 玉ねぎ(みじん切り)…大さじ1
- ローリエ…5枚
- クミンシード…小さじ1

トマト(1cm角に切る)…1個
ビール…200㎖
トマトケチャップ…大さじ1
オイスターソース…大さじ1

作り方

1 ラムチョップに塩、こしょう、クミンパウダーをまんべんなくまぶす。

2 じゃがいもを皮つきのままくし形に切り、素揚げする。

3 青、赤ピーマンも素揚げする。

4 中華鍋もしくはフライパンに白絞油大さじ2を入れ、Ⓐを加えて油をなじませながら炒める。

5 トマトを加えて水分を飛ばすように炒める。

6 ビールを加えて、アルコール分をしっかり飛ばし(しっかり飛ばさないと苦味が残る)トマトケチャップとオイスターソースを加える。ラムチョップを加え、5分くらい弱火で煮込む。

7 2、3を加えて、塩(分量外)で味を調える。

chapter 2

羊すいとん風

シメにピッタリ！
酸味のあるスープがたまらず後を引く！

材料 2人分

- ラムももスライス…150g
- オリーブオイル…大さじ1
- しょうが(せん切り)…10g
- 日本酒…大さじ1
- スープ…400㎖
 (市販の鶏がらスープか、P9鶏節のブイヨンか、P63の羊出汁)
- 春雨(水で戻したもの)…50g
- トマト(くし形切り)…1個
- ザワークラウト(瓶詰め)…50g
 *なければ白菜の漬物など、酸味のある漬物をせん切り
- 塩…大さじ1
- 砂糖…小さじ1
- うま味調味料…小さじ1
- 食パン(6枚切り)…1枚
- パクチー(ざく切り)…10g

作り方

1 沸騰した湯に羊肉を入れ、再度沸騰してきたら肉を取り出しアクを洗い流す。

2 中華鍋もしくはフライパンにオリーブオイル大さじ1を熱し、せん切りしたしょうがを炒めて日本酒、スープを加えて沸騰させる。

3 2に1の羊肉、春雨、トマト、ザワークラウト、塩、砂糖、うま味調味料を加えて5分くらい煮込む。

4 食パンの耳を切り落とし、白い部分をトースターで焼き、5mm角に切る。

5 3に4を加えて、器に盛り付けてパクチーを上に盛る。

羊の炊き込みご飯

レーズンがいいアクセント！
羊肉もしっかり味わえる
炊き込みご飯で大満足！

材料 2人分

ラムスペアリブ…400g
塩…15g
クミンパウダー…小さじ1
オリーブオイル…大さじ1
玉ねぎ(みじん切り)…1個
人参(みじん切り)…1本
オリーブオイル…大さじ2

A ┌ ローリエ…4枚
　　├ ターメリック…小さじ2
　　├ クミンパウダー…小さじ1
　　└ 塩…大さじ1

ジャスミンライス(タイ米)…2合
＊なければ白米

水…360㎖
塩…大さじ1
レーズン…30g
カシューナッツ
(粗みじん切り)…好みの量
パクチー(ざく切り)…10g

作り方

1
ラムスペアリブに塩、クミンパウダーをまぶして味をつけ、フライパンでオリーブオイル大さじ1を熱して焼く。表面に焼き色がついたら肉を取り出す。

2
1のフライパンにオリーブオイル大さじ2を足し、玉ねぎと人参のみじん切りをきつね色になるまで炒め、**A**を加える。

3
ジャスミンライスを水洗いして(白米の場合は水がしみ込み過ぎないよう注意)、ざるで水けを切り、**2**に加えて炒める。

4
炊飯器に**3**を入れて、水、塩、レーズンを加え、上に**1**のラムスペアリブを敷き詰めて炊く。

5
盛り付けの際に、カシューナッツを散らし、パクチーをのせて完成。

COLUMN
オススメ羊肉レシピ 2

北京には羊肉専門店がたくさんあり、特に寒い冬は人気です。
「爆(バオ)」は中華の調理法で強火で一気に炒めること。
途中で手を止めないのがコツです。

葱爆羊肉
(ツオンバオヤンロウ)

材料(2人分)

ラムももスライス…150g
片栗粉…小さじ1/2
長ねぎ(斜め切り)…1/2本
植物油…大さじ1

〈合わせ調味料〉
しょうゆ…大さじ1
酒…大さじ1
砂糖…小さじ1
ごま油…小さじ2

塩…0.6g

作り方

1. 合わせ調味料を作っておく。
   ※中華は火力とスピードが大事なので、調味料を先に合わせておく。
2. 羊肉を薄切りにして、片栗粉をもみ込み、さっとゆでる。
3. 中華鍋を煙が出るほど強火で熱し(爆)、植物油を入れて鍋になじませる。
4. 羊肉を入れて強火のまま一気に炒め、肉の色が少しピンクが残る程度で引きあげる。
5. 長ねぎを強火で手早く炒め、しんなりしたら4を戻す。
6. 1の合わせ調味料を入れて炒め合わせ、最後に塩で味を調える。

中国割烹

龍眉虎ノ尾(りゅうびとらのお)

レシピ提供
龍眉虎ノ尾(料理長岡田三郎)(https://kiwa-group.co.jp/ryubitoranoo/)

chapter 3

エスニック
家庭羊料理

東京スパイス番長&
株式会社インドアメリカン貿易商会
代表
シャンカール・ノグチ

スパイスアップラムチョップ焼き

フレッシュなソースと香ばしいシーズニングで「味変」できる!
ラムチョップのおいしさを引き立てるスパイスたち。

材料 2人分

ラムチョップ（フレンチラック）…4本
塩…小さじ1/2
黒こしょう…小さじ1/2
オリーブオイル…小さじ2
〈グリーンソース〉
　パクチー…35g
　ヨーグルト…100g
　塩…小さじ2/3
　ガラムマサラ…小さじ1/3
　ライムしぼり汁…1/4個分
〈スパイスシーズニング〉
　クミンシード…小さじ1/2
　コリアンダーシード…小さじ1/2
　ブラックペッパー…2粒
　カシューナッツ…4粒
塩…小さじ1/3
パクチーの葉…適量（飾り用）

作り方

1 ラムチョップの周囲の脂身をそぐ。ラムチョップの両面に塩、黒こしょうをふる。

2 グリーンソースを作る。グリーンソースの材料をフードプロセッサーに入れ、ペースト状にする。

3 スパイスシーズニングを作る。スパイスシーズニングの材料をフライパンに入れ、空煎りする。フライパンは絶えず揺する。カシューナッツに焼き色がついたら、フライパンからボウルに移し、冷ます。冷めたら塩を加え、すり鉢などで粗めに軽くたたきながらひく。よく混ぜて完成。

4 フライパンを温め、**1**でそいだラムチョップの脂身を入れ、脂が溶けてきたらラムチョップを焼く。焼き色がついたら裏返し、同じように焼く。

5 ラムチョップを皿に盛り、**2**のグリーンソース、**3**のスパイスシーズニングを添え、パクチーの葉を飾る。

脂身をそいでおく

フレンチラックは脂身が多い。**4**のプロセスで軽く揚げ焼きにできるのでじっくり火が通せる。

羊とれんこんの焼きそば

羊肉とれんこんのコンビネーションが最高!
何度でも作ってほしいと言われるレシピ!

材料 2人分

ラム肩ローススライス…200g
蒸し麺(150g)…2袋
*蒸し麺は電子レンジで約30秒温める
菜種油…大さじ2
クミンシード…小さじ1/2
にんにく(みじん切り)…1片
玉ねぎ(スライス)…小1/2
れんこん
(いちょう切り・酢水につけておく)…60g
にら(2cmの長さに切る)…5本(40g)
塩…小さじ1
黒こしょう…小さじ1
純米酢…大さじ2・1/2
青のり…好みの量

作り方

1

深めのフライパンで菜種油を強めの中火で温め、クミンシードを入れる。油がパチパチといい、クミンシードがこんがり焼けてきたら、にんにくのみじん切りを加える。にんにくがこんがりと焼けて香りがしてきたら、玉ねぎのスライスを加える。

2

玉ねぎに焼き色がついたら、羊肉を加え、表面に焼き色がついたられんこんを加える。れんこんに焼き色がついたら、にら、塩、黒こしょう、純米酢を入れて炒め合わせ、全体がしんなりしてきたら、蒸し麺を加えて炒める。

3

麺を焼きつけてパリパリの部分を作り、塩(分量外)で味を調えて完成。好みで青のりをふりかける。

マトンとトマトの炒め煮

羊初心者さんにオススメ！
かんたん＆おいしい
スパイスを効かせた
羊肉とトマトのハーモニー

材料 2人分

マトン肩ロースの細切れ…250g
菜種油…30㎖
赤唐辛子…2本
シナモンスティック…1本
にんにく
（1片を3つに刻む）…3片
玉ねぎ（みじん切り）…中1個
ターメリック…小さじ1/2
トマト（細かく刻む）…小1個
しし唐（みじん切り）…3本
塩…小さじ2/3
水…100㎖
カラートマト
（赤、黄、緑、紫・4等分にする）…各1個
＊なければ普通のトマトでOK

作り方

1
フライパンに菜種油を入れて中強火で温める。煙が出る前に赤唐辛子を入れ、香りが出てきたら、シナモンスティックを2つに折ったものとにんにくを加える。

2
1をよく炒め合わせ、にんにくに焦げ目がついたら、みじん切りした玉ねぎとターメリックを加えて、全体がなじむまでよく炒める。

3
細かく刻んだトマトを加える。トマトが溶けてきたら、羊肉とみじん切りしたしし唐と塩を加えて5分ほど炒め、羊肉に焼き色をつける。

4
水を加えて沸騰させたら、弱火にしてふたをして10分ほど煮る。肉に火が通ったらOK。

5
水分が飛んでトロトロになったら、カラートマトを加えて1分ほど煮る。全体が大体茶色になったら完成。

羊とセロリのジャーミン風炒め

老舗中華料理店のレシピを初公開!
中国東北地方の伝統の味を
家庭で再現できちゃう!

＊ジャーミンとはレシピを作った人の名前

ラム肩ロースの細切れ…130g
サラダ油(揚げ油)…カップ1
セロリ(そぎ切り)…35g

玉ねぎ(乱切り)…25g
にんにく(スライス)…1片
ごま油…大さじ1・1/2
〈調味料〉
　えごまオイル…2g
　黒こしょう(粗びき)…0.5g
　米酢…小さじ1/2
　砂糖…1g
　塩…小さじ1/2
　中華スープの素…小さじ1/2
　紹興酒…小さじ1
　しょうゆ…小さじ1/2

作り方

1

調味料を全て混ぜ合わせる。

2

サラダ油をフライパンで低温(130℃くらい)で温め、羊肉を加えひと混ぜしたら、セロリと玉ねぎを加え、油通しをして10秒くらいで引き上げる。油は油ポットに移し、大さじ1程度フライパンに残す。

＊油通しをすると野菜に含まれる水分が野菜の外に出るので、味がしみ込みやすくなり、後で味がつきやすくなる。羊肉を油通しすると、羊肉の表面がさっと固まり、「うまみ」が閉じ込められる。

3

2の油の入ったフライパンを強めの中火で温め、にんにくを加えて10秒ほど炒めたら、**1**の調味料を加える。調味料の香りが出たら**2**の具材(羊肉、セロリ、玉ねぎ)を加えて炒め合わせ、羊肉に火が十分通ったら香り付けのごま油をふりかけ、混ぜ合わせて完成。

サグラムカレー

辛さが羊肉にマッチ♥
野菜もたっぷりで
新たな家庭定番メニューに！

材料 2人分

ラム肩ロース(2cm角に切る)…250g
〈マリネ液〉
- ヨーグルト…200g
- 黒こしょう…小さじ1
- 塩…小さじ1
- にんにく(すりおろし)…1片
- しょうが(すりおろし)…1片

ほうれんそう…1束
パクチー(3枝くらい。根元以外をざく切り)…カップ1
バター…50g
シナモンスティック…1本
玉ねぎ(みじん切り)…1個
トマト(1cm角に切る)…1個
〈パウダースパイス〉
- コリアンダーパウダー…小さじ2
- クミンシード…小さじ2
- ターメリック…小さじ1/2
- レッドチリーパウダー…小さじ1/2
- 塩…小さじ1

水…100ml
ガラムマサラ…小さじ1/2
バスマティライス(インドの米)…好みの量
*なければ白米でもOK
硬めに炊くのがオススメ
パクチーの葉…適量(飾り用)

作り方

1
羊肉とマリネ液を混ぜ合わせ、冷蔵庫で一晩漬け込む。

2
ほうれんそうは、葉のみ使用する。たっぷりの沸騰した湯でほうれんそうの葉がくたくたになるまでゆで、パクチーと共にフードプロセッサーでペースト状にする(ゆで汁は捨てる)。

3
鍋でバターを温め、シナモンスティックを加え、玉ねぎを炒める。

4
玉ねぎがきつね色になったら、トマトを加えて炒め、トマトが溶けてペースト状になったら、パウダースパイスを加えて弱火で約3分炒める。**1**をマリネ液ごと加えて、火を強めの中火にする。

5
羊肉に焼き色がついたら、**2**のペーストと水を加える。

6
ひと煮立ちしたらふたをして弱火で30分ほど煮る(たまにふたを開けてかき混ぜる。必要であれば水を足す)。羊肉に火が通ったら、ふたを開けて塩(分量外)で味を調え、ガラムマサラを加えて完成。仕上げにパクチーの葉を飾る。

羊ときのこの炒め

みりんとクローブの甘みが
羊肉ときのこに絶妙にマッチ!
手軽にできる
おいしいササッとメニュー!

材料
2人分

ラム肩ばらスライス…100g
えのきたけ…1袋
エリンギ(乱切り)…1袋
サラダ油…大さじ1
にんにく(スライス)…1片
クミンシード…小さじ1/2
クローブ…3粒
みりん…小さじ1
しょうゆ…大さじ1・1/2

作り方

1
えのきたけは根元に近い部分を切り落とし、小さな束に分ける。エリンギは乱切りする。

2
フライパンを強めの中火で温め、サラダ油を入れ、温まったらにんにくとクミンシードとクローブを入れて炒める。

3
にんにくに焼き色がついてきたら、羊肉、エリンギ、えのきたけの順に加え、炒める。

4
羊肉に焼き色がついてきたら、みりんを加えてきのこがしっとりするまで炒め、しょうゆを加えてからめるように炒めて完成。

羊のタンドリー焼き

口の中にジュワッと広がる柔らかい赤身のうま味！
漬けて焼くだけのかんたんごちそうレシピ！

材料 2人分

- ラムアイオブロイン(ロース芯)…200g
  - *なければラム肩ロースブロックでもOK
- 〈マリネ液〉
  - ヨーグルト…50g
  - タンドリーチキンパウダー…大さじ1
  - *なければカレーパウダー…小さじ2
  - 塩…小さじ1
  - 玉ねぎ(すりおろしてペースト状に)…50g
  - にんにく(すりおろし)…1片
  - しょうが(すりおろし)…1片
  - 粒マスタードペースト…小さじ2
- 赤玉ねぎ(スライス)…1個
- イタリアンパセリ…適量

作り方

1

ラムアイオブロインとフードプロセッサーにかけたマリネ液を密閉袋に入れて1晩漬け込む。

2

オーブンを230℃に温め、耐熱皿(鍋)に赤玉ねぎを敷き、その上に1のマリネ液をラムアイオブロインにしっかりとまとわせたまま焼く。

3

15分ほど焼いたら、にじみ出た肉汁をスプーンなどで表面にかける。羊肉がプリプリとした弾力が出てきたらオーブンから取り出し、好みの厚さに切り分ける。ペーストの層をこわさないよう、肉の横側をトングなどで軽くおさえて切るのがオススメ。

4

イタリアンパセリを添えて完成。

ラムキーマスープカレー

さらさらスープとひき肉のゴロゴロ食感がクセになる！
ヨーグルトで煮込んだみんなが大好きな味。

材料 2人分

- ラムひき肉…200g
- 菜種油…大さじ2
- 〈スタータースパイス〉 *最初に合わせておく
  - クミンシード…小さじ1/2
  - ローリエ…1枚
- 玉ねぎ(みじん切り)…中1個
- にんにく(すりおろし)…1片
- しょうが(すりおろし)…1片
- トマト(1cm角に切る)…中1個
- 〈パウダースパイス〉 *最初に合わせておく
  - コリアンダー…小さじ2
  - クミンシード…小さじ1
  - ターメリック…小さじ1/2
  - パプリカ…小さじ1/2
  - 塩…小さじ1/2
- じゃがいも(2等分に切る)…小2個
- プレーンヨーグルト…250㎖
  *よくかき混ぜておく
- 水…50㎖
- ガラムマサラ…小さじ1/2

作り方

1
鍋に菜種油を強めの中火で熱し、スタータースパイスを加え、クミンシードがプチプチと弾け、こんがりと焼けてきたら玉ねぎのみじん切りを加える。

2
玉ねぎがきつね色になったら、にんにく、しょうがを加えて、にんにくの香りが出たらトマトを加え、トマトが溶けるまで炒める。弱火にして、パウダースパイスを加えて炒める。

3
スパイスが焦げないように3分ほど炒めたら、中火にしてひき肉とじゃがいもを加え、表面全体が色づくまで炒める。

4
プレーンヨーグルトと水を加えて全体がなじむまでよく混ぜながら炒める。ふたをして弱火で20分ほど煮込む。

5
ふたを開けてガラムマサラを加えて混ぜ合わせ、塩(分量外)で味を調えて完成。

chapter 3

COLUMN オススメ羊肉レシピ 3

1100年前の品種の羊が今でも飼育されているアイスランド。
世界屈指の純粋な自然環境において、成長ホルモンや抗生物質などとは縁のない、
豊富で上質な水、自然の草花に囲まれたストレスのない生活を満喫した羊は、
驚くほど柔らかく、風味豊かなラム肉となります。

グリーンピースペーストの羊サンドイッチ

材料（2人分）

- ラムステーキ肉（ももや肩ロース）…200g
- オリーブオイル…大さじ1
- 塩・こしょう…各2g
- 新鮮なタイム…2小枝
- にんにく（スライス）…3片
- ライ麦パン（普通のパンでもよい）…4枚
- グリーンリーフ…2〜3枚
- きゅうりのピクルス…好みで

〈グリーンピースペースト〉
- 冷凍グリーンピース（解凍する）…200g
- にんにく（つぶす）…1片
- 新鮮なディル…3本
- 野菜ブイヨン…80㎖
- フレッシュレモンジュース…大さじ2
- 塩・こしょう…各2g

作り方

1. グリーンピースペーストの材料をフードプロセッサーにかけ、ペースト状にする。
2. 羊肉に塩とこしょうをまぶす。フライパンでオリーブオイルを中火で熱し、タイム、にんにくとともに両面を各2分ほど焼く。皿で5分ほど休ませる。
3. パンをトーストし、グリーンピースペースト、グリーンリーフ、2をスライスしたものと、好みでピクルスをはさみ半分に切る。

レシピ提供
アイスランドラム協会（http://icelandiclamb.jp/）

和風家庭羊料理

ろっかん
店主
福田健大郎

羊おでん

羊で取るおでん出汁が
具材にじゅわっと染み込んでおいしい!
通年で楽しめる!

材料 2人分

ラムももブロック…70〜100g
羊出汁…1.8ℓ
| 羊肩ロース
| （ブロックでもスライスでも）…約300g
| 利尻昆布…40g
| かつお本枯節削り（血合い入り）…70g
| *なければ普通のかつお節でもOK
| 水…1.8ℓ

日本酒…60mℓ
塩…小さじ1
ちくわ…1本
大根（約3cm厚さ輪切り）…4つ
卵…2個
| 水…700mℓ
| 酢…90mℓ
こんにゃく…1枚

chapter 4

作り方

1
羊出汁を作る。昆布をひと晩水につけてから火にかけ、沸騰直前に取り出す。再び沸騰させて火を止め、かつお節を入れる。火から外すとかつお節が沈む。沈んだら泡をすくい取ってこす。

2
羊肩ロースを加え、沸騰しない程度の弱火でアクを取りながら1時間ほど煮込む。取り出してこし、羊出汁の完成。
*出汁を取った後の羊肉はほぐしてサラダなどに入れるなど、捨てずに活用できます。

3
おでん出汁を作る。2の羊出汁に食べやすい大きさに切ったラムもも肉を入れ、日本酒と塩を加えて肉が柔らかくなるまでゆっくりと煮込む。

4
ちくわは、熱湯でさっとゆでておく。

5
大根の下ごしらえをする。約3cmの輪切りにした大根の皮をむき、深く十文字に隠し包丁を入れ面取りした大根を、大根がかぶるくらいの米のとぎ汁（分量外）と共に鍋に入れて火にかける。沸騰したら、大根が揺れる程度に火を弱め、竹串がスッと通るまでゆでる。ゆで上がった大根は、流水にかけて冷ましておく。

6
卵の底のほうにキリや画鋲で穴をあける。鍋に卵を並べ、水に酢を加え、沸騰させる。沸騰したら火を止めて5分ほど蒸らす。氷水に落として殻をむき、水にさらしておく。

7
こんにゃくは包丁でたたき、2〜3mm程度の深さに格子状に包丁を入れ、塩もみして熱湯でさっとゆでる。

8
3に4〜7を加え、沸騰させない程度の火加減で1時間ほど静かに煮る。

羊のぬた

これが羊? と思うくらい羊独特の臭いなし。おいしくて、羊初心者にオススメ。

材料 2人分

ラム肩ロースブロック…300g
塩…2〜3g
九条ねぎ…2本
芥子酢味噌
 白味噌…200g
 練り芥子…5g
 砂糖…15g
 酢…50㎖
 卵黄…1個
 ①白味噌を裏ごしする。
 ②練り芥子をすり鉢ですり、白味噌、砂糖を合わせてよくすり混ぜる。
 ③酢を少しずつ加えて、程よい硬さにのばし、味を調える。これをベースにして、使用する分量だけを取り分け、その都度適量の卵黄を混ぜる。
＊市販の芥子酢味噌でもOK
紅たでもしくは穂じそ…適量
＊あればでOK

作り方

1
羊肉に塩をまんべんなくまぶし、室温に戻す。

2
密閉袋に入れ、空気を抜き約65℃の湯の中で50分火を入れる（羊の低温調理）。

3
2を冷蔵庫で約1時間しめて、熱したフライパンで表面を焼きスライスする。

冷蔵庫から出し、切ったところ。（中面を見せるために切っている。切らずに焼くこと）

中までしっかり火は通さない。

4
九条ねぎを一口大に切って、湯がいて冷水に浸し、ざるにあげてから水分をふき取る。

5
皿に4の九条ねぎを並べ、3の羊肉を薄切りにしたものを盛り、芥子酢味噌をかけ、紅たでや穂じそをあしらい完成。

羊つみれ

羊の味を楽しめる、芯まであたたまるレシピ。

材料 2人分

- ラム肩ばらスライスまたはロール肉…150g
- 大和芋…10g
- 卵黄…1個
- 合わせ味噌…5g
  （加賀味噌…4g・西京味噌…1g）
  *味噌汁に使用している味噌5gでもOK
- 片栗粉…1g
- 羊出汁（P63）…400㎖
- 塩…2g
- パクチー…飾り用

作り方

1
羊肉を包丁でたたき、ひき肉を作る。フードプロセッサーを使用してもOK。

1cmくらいの厚さに切る。

包丁で細かく切る。粗めのひき肉にする。

2
大和芋をすりおろし、1と合わせる。

3
2をすり鉢に入れ、卵黄を落とし、合わせ味噌と片栗粉を入れる。すり棒でなめらかになるまで、まんべんなくつぶす。

4
鍋に羊出汁を入れ、火にかける。3を丸めながら鍋に落とす。沸かない程度の温度で、肉が浮いてくるまで10〜15分火にかけて塩で味を調える。

5
器に盛り、パクチーをのせる。

ラムチョップの味噌漬け

味噌とラムチョップのハーモニーが絶妙。冷めてもおいしい一度はトライしたいメニュー。

材料 2人分

ラムチョップ…2本
塩…4g(ラムチョップの重さの0.8%)
味噌漬け床
　白粒味噌…500g
　日本酒…45㎖
　みりん…20㎖
　一味唐辛子…少々
　甘酒…少々

太白ごま油…大さじ2
*なければ香りの強くない油であればOK
みょうが…適量
*あればでOK

作り方

1
ラムチョップに塩をまぶし、1時間ほどおいてなじませる。

2
味噌漬け床はまんべんなく混ぜ合わせておく。1をガーゼで包み、2日ほど味噌漬けにする。ガーゼがない場合は直接漬けてもOK。

味噌漬け床は再利用可能。ただし、塩分が減るのでその分長く漬け込む。

3
ラムチョップを取り出し焦がさないようにフライパンで弱火で太白ごま油をまわしかけながら、香ばしく焼き上げる。写真のように表面が焼き上がったら、アルミホイルで包み、10分ほど余熱で中まで火を通す(オーブンの中に置いておくと良い)。

4
薄切りにして皿に盛り付ける。軽くゆでたみょうがを酢水(分量外)に取ったものを添えて完成。

ラムチョップのパクチー味噌焼き

パクチー味噌の甘みと、しっかりした肉の食感がベストマッチ!

材料 2人分

ラムチョップ…2本
塩…4g(ラムチョップの重さの0.8%)
太白ごま油…大さじ2
〈パクチー味噌〉
 ＊玉味噌
  白味噌…200g
  酒…36cc
  みりん…36cc
  砂糖…10g
  卵黄…1個
  ゆずのしぼり汁…少々

 ほうれんそう…20g
 パクチー…30g
 水…200㎖
 塩…少々
 こしょう…少々
 ゆず皮(すりおろし)…1個分

作り方

1
パクチー味噌を作る。玉味噌の材料を混ぜ合わせて裏ごしする。鍋に入れ、弱火に30〜40分かけて練り上げる。

2
ほうれんそうとパクチーの葉をミキサーに入れ、水と、色を保つための少量の塩とこしょうを加え、かくはんする。鍋に移し、くたくたになるまで加熱する。その後ガーゼに取り、水分をしぼる。

水分をしぼったもの
(ほうれんそう&パクチー)

3
2と、玉味噌とすりおろしたゆず皮を入れて、パクチー味噌の完成。

4
ラムチョップに塩をまぶし、室温に戻す。

5
ラムチョップを太白ごま油をまわしかけながら表面を香ばしく焼き上げる。

6
生焼けの状態でアルミホイルにのせ、パクチー味噌をのせてオーブントースターで味噌を焦がしながら約10分ラムチョップに火を入れる。

7
皿に盛り付け、好みでパクチーの葉(分量外)を飾って完成。

羊松風焼き

けしの実がいいアクセント。
大人も子どもも楽しめる一品。

材料 2人分

ラム肩ばらスライスまたは
ロール肉…100g
卵…1個
赤味噌…10g
みりん…5mℓ
けしの実…3g

作り方

1
羊肉を包丁でたたいてひき肉を作る(P67参照)。もしくはフードプロセッサーにかけるかひき肉を購入しても良い。

2
1のひき肉をすり鉢に入れ、卵と赤味噌を入れてすり混ぜる。

3
全体が滑らかになるまですり、高さ3〜4cmのセルクル型に入れ、中火のオーブンで約30分焼く。

4
火が通ったらみりんを表面に塗り、けしの実を散らす。余熱で乾いたらセルクル型から外して皿に盛る。

羊の揚げおろし

羊の肉感をしっかり楽しめる、羊好きにはたまらないどっしりメニュー。

材料 2人分

- ラム肩ロースブロック…150g
- 塩…1.2g（肉の重量の0.8%）
- 濃口しょうゆ…数滴
- 酒…小さじ1
- クミンパウダー…好みの量
  *入れなくてもOK
- 大根…10cm
- サラダ油…適量
- 片栗粉…3g
- 卵白…1個分
- 羊出汁(P63)…240cc
- みりん…30cc
- 薄口しょうゆ…30cc
- 吉野葛…大さじ1
  *なければ片栗粉でもOK
- パクチー…飾り用

作り方

1
羊肉を一口大に切り、塩をまぶす。濃口しょうゆと酒と好みでクミンパウダーを加えて約10分置いておく。

2
大根をおろして、ざるにあげて水けを切る。

3
サラダ油を180℃くらいまで温め、水けを切った**1**に片栗粉を薄くまぶして卵白をくぐらせて揚げる。

4
鍋に羊出汁、みりん、薄口しょうゆを入れて煮立て、**2**の大根おろしを加える。

5
ひと煮立ちさせたら、水で溶いた吉野葛でとろみをつけ、揚げた羊を入れ、混ぜ合わせて皿に盛る。ざく切りにしたパクチーをのせる。

羊のたたきポン酢あんがけ

材料 2人分

- ラム肩ロースを低温調理したもの(P65)…150g
- 太白ごま油…大さじ1
  *なければ香りの強くない油であればOK
- 羊出汁(P63)…180cc
- みりん…60cc
- ポン酢…120cc
- しょうが(すりおろし汁)…少々
- 吉野葛…適量
  *なければ片栗粉でもOK

〈薬味〉
- あさつき…少々
- みょうが…少々
- 白ごま…少々

羊の臭いが苦手な人もこれなら食べられる！おいしくて何枚でも進みます！

作り方

1. 羊肉の低温調理したもの(P65)を、フライパンで温めた太白ごま油で表面を軽く焼き、香ばしく仕上げる。
2. 羊出汁、みりん、ポン酢、しょうがのすりおろし汁を合わせて熱し、水で溶いた吉野葛を加えてとろみをつけてポン酢あんを作る。
3. 1の羊肉を薄く切り、2のポン酢あんと、薬味をかけて完成。

羊雑炊

材料 2人分

- 好みの羊肉…20g
- 白米(炊いたご飯)…200g
- 羊出汁(P63)…600mℓ
- 余った野菜の端…60g
- 塩…1つまみ
- 薄口しょうゆ…小さじ1
- 卵…2個
- 三つ葉…適量

羊出汁がご飯にしみて何杯でもおかわりできちゃう！シメに出せば皆が大喜び。

作り方

1. 白米をざるに取り、水洗いしてほぐす。
2. ①を鍋に移して、羊出汁と羊肉(野菜より大きめに切っておく)、野菜を加えて火にかける。
3. 煮立ったら火を止める。アクを取り、塩、薄口しょうゆで味をつけて卵でとじて(卵をまわし入れ、卵でふたをするようにする)アルミホイルをかぶせる。卵が固まったら完成。
4. 器に盛り、ざく切りした三つ葉をのせる。

プロが教える！
羊肉の扱い方

羊肉は扱いさえ気をつければ気軽に楽しめるごちそう肉。
羊肉の扱い方についてシェフにお聞きしました。

ラムチョップのおいしい焼き方

1

熱したフライパンにラムチョップを立て、中火で背中（脂肪）の部分に焼き色がつくまで焼く。

2

横に倒し片面をじっくり焼き、表面に肉汁が出てきたらひっくり返し、もう片面も同様に焼き、さらに20秒ほど火を通す。

3

アルミホイルで軽く包み、1分ほど蒸らす（オーブンやレンジ庫内など冷たくない場所に置くとよい）。

おいしい羊肉の選び方

羊肉は鮮度が命です。加工日が新しいもの、色が鮮やかなものを選ぶのがポイントです。「見た目がきれいでおいしそうなもの」とわかりやすい基準を教えてくれました。また、熟成が進むと香りが強くなるので苦手な人はご注意を。

羊肉の保存方法

羊肉の大敵は温度変化と光。買ってきたらすぐに冷蔵庫へ（できればパーシャルフリージング）。保存するときはラップの上からアルミホイルを巻き、光を遮断するとさらによいでしょう。

取材協力

アデニアオーナーシェフ　入江眞史
URL：http://www.adenia.jp/

市販の味付きジンギスカンをおいしく食べる

スーパーでよく見かける味付きジンギスカン。おいしい食べ方を味付きジンギスカンで有名な「松尾ジンギスカン」さんにお聞きしました。

おいしい 味付きジンギスカンの焼き方

ジンギスカン鍋がなくても、フライパンでOK！ コツは①油を引かない②野菜と羊肉は別に焼くことです。ホットプレートの場合も「肉ゾーン・野菜ゾーン」に分けて焼きます。これを押さえれば、市販の味付きジンギスカンが家庭で何倍もおいしく楽しめます。

1. 野菜だけをタレで煮込む。

2. 別のフライパンで羊肉を焼く。

3. 野菜と羊肉を盛り付ける。

参考サイト：
http://www.matsuo1956.jp/howto/

おいしい ジンギスカンレシピ

まつじん丼　材料（2人分）

*レシピ齋藤家（P91）より提供

松尾ジンギスカンラム（肩）…400g
長ねぎ（斜め薄切り）…1本
もやし…1袋
ごま油…適量
塩・こしょう…1つまみずつ
ごはん…好きなだけ
七味、またはクミンシードなど、好みのスパイス…適量

作り方

1. 長ねぎ、もやしをごま油で炒め、塩、こしょうで味を調える。薄味でOK！
2. ごはんを丼に盛り、**1**をのせる。
3. **1**のフライパンで、松尾ジンギスカンラムを、パックに入っているタレ大さじ4（好みで追加してOK）と共に焼く。火が通ったら、**2**に汁ごとかけて、好みで七味やスパイスをかけて完成。

取材協力

松尾ジンギスカン
北海道滝川市に本社がある株式会社マツオのブランド商品。
北海道の食文化の一つとして味付きジンギスカンを根付かせた。
URL：http://www.matsuo1956.jp/

羊の基本

羊肉に関してよく聞かれる疑問をわかりやすくまとめてみました。
知れば知るほど奥の深い羊。まずは、入門編です。

羊肉の部位について

羊肉も他の食肉と同じようにさまざまな部位があります。味も使い方もさまざまです。スーパーやネットショップで今は気軽にどんな部位も買うことができます。

※部位名は国やメーカーによって違います。
　その中で消費者にわかりやすく親しみのある名前を示しました。

脳
実は日本でも買える、羊風味の白子のような味。火鍋やフライなど。

肩ロース
赤身と脂肪のバランスが最高。ジンギスカン人気部位。

ロース（ラムチョップ）
柔らかくて食べやすい部位。骨付きロースが「フレンチラック」。骨ごとに切り分けると「ラムチョップ」となる。焼いてよし、揚げてよし。

ネック
赤身主体。煮ても焼いてもおいしい隠れた人気部位。

ランプ
赤身でさっぱり。肉感が強い。ステーキなど。

肩
脂肪と筋が多いが羊本来のおいしさがある。ジンギスカン、しゃぶしゃぶなど。

もも
赤身であっさり。食べやすさから最近人気。ジンギスカン、硬い部分は煮込みなど。

スネ
硬いが骨ごと煮込むと濃厚な出汁が出る。カレーやシチューなど。

スペアリブ（骨付きばら肉）
ひそかな人気部位。脂がおいしい。揚げてもおいしい。煮物など。

フランク（ばら肉）
赤身より脂が多い。脂がおいしい部位。煮込みや加工品に。

ラムとマトンってどう違うの？

ラムやマトン、最近話題のホゲットなど、羊肉は呼び名が成長とともに変わっていきます。特徴を知っていれば、肉を選ぶときの判断材料になります。

※あくまで一例でこの他、永久歯など歯で判断する方法もあります。

ベビーラム	生後2週間〜3ヶ月ぐらいまでを指し、母乳を飲んで育った仔羊の肉。	
	特徴	柔らかくて、クセがない。
ラム	生後1年未満の羊肉。	
	特徴	柔らかくて、食べやすい。一番人気。
ホゲット	生後1年から2年未満の羊。	
	特徴	マトンとラムのいいとこ取り、食べやすいのに風味豊か！　希少。
マトン	生後2年以上の羊肉。	
	特徴	歯ごたえがあり、風味豊か。

羊の種類

世界に1000種類いると言われている羊の中から、有名な品種を紹介します。

サウスダウン
小型の羊。肉質がよく、一番おいしいと言う人もいる。

ロムニー
ニュージーランドで飼われている羊はほぼこれ。毛と肉用。

サフォーク
日本で最も有名な肉用種。大型の羊で成長したオスは130kgを超える場合もある。

コリデール
繁殖力が強く、体が丈夫で環境適用応力が高い。肉もおいしい。

アイスランド古代種
アイスランドの羊。他種との交配がない1100年前からの純血種。

ボールドーセット
繁殖季節が長く、2年3産が可能。肉質もよい。

フライスランド
多産で子育て上手の乳用種。食用にすることもある。

各国友好促進団体の秘伝のレシピ

世界のごちそう肉、羊は世界中で食べられるお肉。
今回は、日本で活動し、色々な国の文化を広めている団体の
自慢のレシピをご紹介いただきます。

羊肉燃麺（麻辣連盟）
（ヤンロウランメン／マーラーれんめい）

材料（2人分）
- ラム肩ローススライス…100g
- 調理油（白絞油など）…大さじ1・1/2
- クミンシード（粒）…小さじ1/2
- チューブにんにく…約5g
- **A**
  - クミンシード（ミルなどでひいたもの）…小さじ1/2
  - 花椒粉…小さじ1／一味唐辛子…小さじ1/2／塩…1g／しょうゆ…小さじ1
  - こしょう…0.2g
  - ＊あれば五香粉（0.2g）
- 白ごま…小さじ1/2
- 中華麺（120g）…2玉
- **B**
  - しょうゆ…小さじ2／ラー油…大さじ2
  - ごま油…小さじ4／花椒粉…0.2g
  - 酢（あれば黒酢）…1～2滴（好みで）
  - 玉ねぎ（薄くスライスして水にさらし辛みを抜く）…1/2個
- 高菜など葉物の漬物（みじん切り）…小さじ4
- パクチー…少々

作り方

1 フライパンに調理油を敷き、クミンシード（粒）とチューブにんにくを入れて焦がさないように中火にかけ、香りが立ったら粗めに切った羊肉を入れて火を通し、**A**を加えて仕上げに白ごまを入れる。

2 温めた器の中で**B**を合わせ、ゆでた麺とよく混ぜ合せる。玉ねぎスライス、**1**、漬物、パクチーをのせて完成。
＊食す際も全体をよくかき混ぜること

レシピ・永澤（風雅オーナーシェフ）提供

※日本に麻辣（辛くて痺れる）四川の味を広める団体。開催する「四川フェス2018」は6万5000人を動員。
https://meiweisichuan.jp/malaparty

プロフ（おいしい中央アジア協会）

材料（2人分）
羊肉（2～3cm角に切る）…200g
＊焼いても硬くなりにくい部位ならどこでもOK
サラダ油…100ml／玉ねぎ（スライス）…1/2個
人参（せん切り）…2本
クミンシード…小さじ1杯
塩…小さじ1／米…2合／にんにく…1玉／水…適量

作り方
1. 熱したフライパンに油を入れ、羊肉、玉ねぎ、人参の順で炒め、クミンシードと塩で味付けをする。
2. 米を研ぎ、炊飯器の2合分の目盛りよりやや少なめに水を入れ、1とにんにくは皮をむかずまるごと入れて、炊飯する。

レシピ・代表山田さん提供

※中央アジア料理の魅力を伝える活動を通して、食の国際交流をはかり、日本で豊かな食生活を育むことを目指す団体。https://www.central-asian-cuisine.com/

羊のフェイジョアーダ（キモビッグ　ブラジル）

材料（2人分）
ラムももブロック（大きめの一口大に切る）…300g
オリーブオイル…大さじ2／水…50ml
Ⓐ ローリエ…1枚／ローズマリー…少々／
　 にんにくのすりおろし…3g
Ⓑ 羊のサルシッチャ（ソーセージ）（輪切り）…2本／
　 玉ねぎ（みじん切り）…1/4個／にんにく（みじん切り）…2カケ）
ブラックビーンズ水煮缶…1缶／塩…小さじ1/2／こしょう…1g
〈付け合わせ〉ライス、ケールのソテー、オレンジ、ヴィナグレッチソース＊
＊（玉ねぎ、トマト、パクチーをみじん切りにしてレモン汁、オリーブオイル、塩と合わせる）

作り方
1. 羊肉を炒め、水を加えたら、Ⓐをオリーブオイルでさっと炒めたものを追加して柔らかくなるまで煮る。
2. Ⓑをオリーブオイルで炒めたらブラックビーンズを液体ごと加え、1を追加してさっと煮込む。塩、こしょうで味を調え完成。皿に盛り、付け合わせを添える。

レシピ・代表松橋さん提供

※「日本にいながらブラジルライフ」をコンセプトに掲げ、語学、音楽、料理など、ブラジルカルチャー普及を続ける集団。http://kimobig.jp/

羊肉の99％は輸入！ 輸入羊について

実に99％が輸入という羊肉。世界の羊事情と国別の味の違いなどをまとめました。
※）あくまで全体的なイメージです。ブランドにより味が違う場合があります。

フランス産
I.G.P.（地理的保護表示）認定などがある同国では、産地のみならず色・サイズ・脂質・飼育期間・生産者など厳格に定められた環境で出荷される羊は味わいも風味もさまざまで生後4ヶ月程度の若いミルキーな仔羊が好まれる。

アイスランド産
他国と比べて最も原始的かつあるがままの姿で育つ貴重な存在。野生の草花を自由に食み育つ。若めの月齢で出荷されるため、肉質はきめ細かく上品で羊のよい香りを備え持つ。

オーストラリア産
世界各国の嗜好に合った羊肉を生産し、生ラムブームを牽引している。日本を含むアジアへは飼育期間を少し長めにした、味わいがしっかりした羊を出荷している。

羊の輸入先
- アイスランド 2.0%
- フランス 0.2%
- ニュージーランド 36.9%
- オーストラリア 60.9%
- 2017

出典：羊齧協会

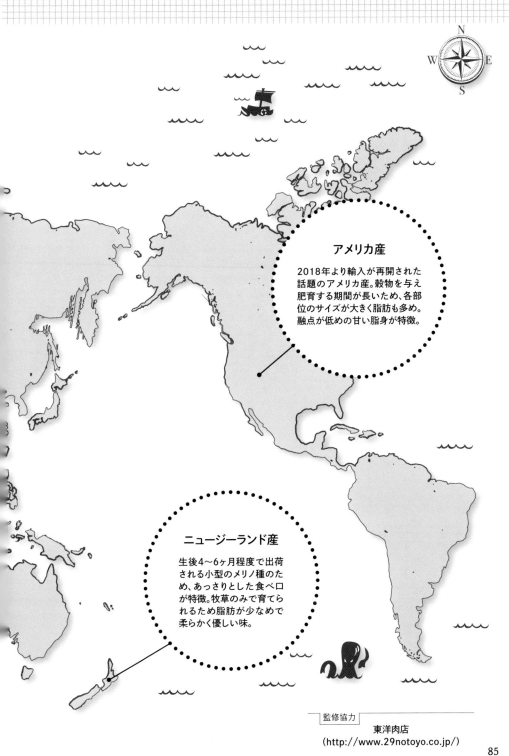

日本に 羊肉が入ってくる流れ

P84、85で紹介したように羊肉の99％は輸入肉です。
「輸入肉って安全なの？」という疑問に、
流通の過程を追いながらお答えします。
安全対策や検査やチェックなど、
書ききれないくらいの安全対策をとっています。
ここでは輸入の6〜7割を占めるオージー・ラムを例に紹介します。

飼育（牧場）

オーストラリアの農場で、家畜の健康や、食品安全を考えて羊たちは大事に飼育されています。羊たちはすべてデータベースで一元管理されています。

牧場からの輸送

食肉処理場までの輸送も国の基準に基づきしっかり管理されます。

食肉加工施設へ

食肉処理場では、複数回さまざまな基準の検査を受けて、基準を満たした肉のみ出荷されます。お客様の要望に合わせ、部位ごとに解体され、パッキングされます。動物福祉（アニマルウェルフェア）にも配慮しています。

出荷前

パッキングされた肉は出荷まで工場で管理されます。

工場出発

衛生許可証が発行されて出荷の準備は終了です。衛生許可証は、オーストラリアと日本両国の基準を満たしていることの証明となります。

発送、輸出

輸送時も温度管理を行い、おいしさを保って安全に輸送されます。

取材協力

MLA豪州食肉家畜生産者事業団
http://www.aussiebeef.jp/b2b/

今話題の「国産羊」

羊は国内で1万7000頭しか飼育されておらず、希少です。牧場も小規模のところが多く、その肉はほとんど市販されていないため、なかなかお目にかかれません。しかし、人気は高く、今後注目度が上がってくることは間違いありません。

味の特徴

国産羊の味の特徴は「おいしさ」です。国産羊の話題では必ず名前が挙がる「羊SUNRISE」のオーナー関澤さんはそう語ります。産地は北海道がメインですが、沖縄を除く日本各地で飼育されています。餌や品種や気候で味は変わります。

頭数が少ない分、一頭ごとに目が行き届き、味が一定していることに加え、海外産に比べて流通距離が短く、フレッシュなままで店に届く利点もあります。地域創生のため羊を新しく飼い始める地域も出てきているので、国産羊は今後ますます盛り上がってくるはずです。羊齧協会でも、青森県階上町(はしかみちょう)の羊農家さんと、消費者と生産者が協力して一から産地を作る試みを行っており、2019年に初出荷を迎える予定です。

2016年県別羊頭数

	地域	頭数(匹)
1	北海道	8630
2	長野	1014
3	栃木	651
4	岩手	621
5	千葉	611

出典：公益社団法人畜産技術協会

羊の国内飼育の様子
(北海道池田町ボーヤファーム)

取材協力

羊SUNRISE
国内羊の牧場との連携が強いジンギスカン店。常時数ヶ所の牧場の国産羊が楽しめる。
URL：https://sheepsunrise.jp/

羊文化飛び地地域

羊肉料理というと、「北海道」を連想するかもしれません。確かに北海道は、羊の飼育頭数も消費量も日本一です。けれども、羊肉を食べる地域は飛び地的にあるのです。

我々はそれを「羊肉食飛び地文化圏」と呼んでいます。その文化圏は小さいものは町単位、大きくても数市くらいの範囲ですので、あまり知られていないのがほとんどです。我々も細かなところは追い切れていませんが、東北から九州まで存在します（沖縄はヤギ肉文化圏です）。

それらが存在する理由もさまざまで、「旧満州から引き揚げた人が食べ始めた」「肉体労働者向けの食肉として発展した」「御料牧場があった」などがあげられます。また、現在羊を飼っていない地域も多く、大牧場はあるけれどあまり食べられていない地域なども存在します。

皆さんのふるさとや、お住まいの地域の近くにも隠れた羊肉文化があるかもしれません。そこから、羊肉に触れていくのも面白いでしょう。

主な羊文化飛び地地域（北海道以外） ＊あくまで一例で他にも存在します。

地域	主な羊文化
青森県階上町	羊肉のすき焼き （現在では食べられていないが羊は飼育されている）
岩手県遠野市	遠野ジンギスカン
秋田県白神山地周辺	白神ラムのジンギスカン
山形県米沢市	義経焼き
山形県山形市	蔵王ジンギスカン
福島県只見町	味付きマトン（マトンケバブ）
栃木県塩谷郡	高根沢の御料牧場
千葉県成田市	下総御料牧場があった
長野県飯田市	遠山ジンギスカン
長野県長野市	信州新町ジンギスカン街道。長野県は北海道に次ぐ羊肉消費量
愛知県一宮市	織物産業の流れから羊での町おこしを行っている
岡山県真庭市	蒜山高原ジンギスカン
佐賀県太良町	ジンギスカン

羊を愛する一般家庭のレシピ

羊肉＝ジンギスカンだった頃に比べて、
今や近所で買った羊肉を楽しんでいる一般家庭が増加中！
ここでは、3家庭の「家羊」のレシピをご紹介。
かんたん＆おいしい！　それが今の羊肉です。

河内家の ラムソーセージ

バイク野宿・登山・キャンプをきっかけに料理に傾倒。
バーベキュー上級インストラクターのシステム屋さん。

材料（2人分）

ラムひき肉（どこの部位でもOK）…300g
＊細かくカットした後ミキサーでひく
卵…1個
塩…2.5g
こしょう…少々
三温糖…小1
にんにくチューブ…小さじ1
しょうがチューブ…小さじ1
クミンパウダーもしくはローズマリー…少々

作り方

1. ひき肉と全ての材料をよく混ぜて粘りを出す。
2. 肉を3等分にしてラップで包み、細く伸ばして端を結ぶ。
3. 電子レンジで加熱（目安:500W /4分）＊。
4. フライパンに油をひいて焼くか、ガスバーナーで肉に焦げ目をつける。

＊〈湯煎の場合〉湯が入らないようにラップで二重にしっかり包み、外側のラップに入り込んだ空気を爪楊枝で刺して抜く。沸騰した湯に火を止めてから肉を入れ、約20分おく。肉の芯までしっかり火を通すこと（75℃以上）。

高沢家の ラムチョップの煎酒ソース

昼間はサラリーマン、夜は焼肉研究家。

材料(2人分)

- ラムチョップ…2本
- 塩…1g
- こしょう…1g
- ごま油…小さじ2
- 大葉(せん切り)…2〜3枚

〈ソース〉
- 出汁昆布…10cm
- 日本酒…100cc
- 梅干し(梅肉のみ)…40g
- かつお節…7g
- みりん…大さじ1

作り方

1. ソースを作る。出汁昆布に切り込みを入れ、小鍋に日本酒と一緒に漬ける(30分)。その鍋に、たたいた梅干し、手でもんだかつお節、みりんを入れて弱火で5分。沸騰前に火を止めて冷ます。

2. 炊飯器に60℃のお湯を張り保温モードにする。ラムチョップを密閉袋に入れて空気を抜き、炊飯器に入れふたをし、30分おく(密閉袋に水分が入らないよう、口を炊飯器の外に出す)。

3. ラムチョップを袋から取り出して塩、こしょうを強めにふり、ごま油をひいたフライパンで焼き目をつける(脂身→両面の順番で各10秒ほど)。

4. 1をかけ、大葉のせん切りをのせる。

齋藤家の エスニックラム煮込み

羊とジビエと「ラーメンズ」をこよなく愛する夫婦。

材料(2人分)

- ラムチョップまたはラムスペアリブ、バックリブなど骨付き肉…4本
- パクチー…適量
- サラダ油…適量

〈調味液〉
- 玉ねぎ(みじん切り)…1/2個
- しょうが(スライス)…1片
- にんにく(スライス)…1片
- 赤唐辛子(輪切り)…1本
- しょうゆ…大さじ2
- ナンプラー…大さじ1
- きび砂糖…大さじ3
- 中華スープの素(顆粒)…小さじ1
- 酢…大さじ4/水…1・1/2カップ/黒こしょう…適量

作り方

1. フライパンにサラダ油をひき、ラムチョップを強火で焼く。

2. 表面に焼き色がついたら、調味液を全て入れる。落としぶたをして強めの中火で煮汁が4分の1くらいになるまで煮込む。

3. ラムチョップを皿に盛り、煮汁をかけ、パクチーを飾って完成。

羊齧協会がオススメする！

羊肉がおいしいお店

羊肉大好き！　羊齧協会会員1700名のアンケートを参考に、羊肉がおいしいお店を紹介します。消費者が消費者のために選ぶリストです。会員が首都圏に多いので首都圏中心ですがその他の地域でも羊肉は確実に根付いてきています。

※他にも羊のお店は無数にあるので、探してみてください。このリストは順不同です。

関東エリア

羊SUNRISE
国産羊をはじめ多くの羊肉を味わえる。店の人の羊肉についての知識も豊富。
ジャンル：ジンギスカン　場所：東京都港区・新宿区
TEL：03-6809-3953　URL：https://sheepsunrise.jp/

羊香味坊
羊肉と言えばここ！　という人もいるくらい。自然派ワインでも有名。
ジャンル：中華　場所：東京都台東区　TEL：03-6803-0168
URL：https://tabelog.com/tokyo/A1311/A131101/13200566/

下町バルながおか屋
ラムチョップを年間25万を販売し、販売量は日本一。
ジャンル：スペインバル　場所：東京都台東区・千代田区
TEL：03-5818-6688　URL：http://nagaoka-ya.com/

焼き羊
日本ではめずらしい「和食と羊」のお店。
ジャンル：和食　場所：東京都千代田区　TEL：03-6261-3390
URL：https://tabelog.com/tokyo/A1309/A130904/13222499/

馬記 蒙古肉餅
羊メニューの種類が豊富。店名にもある肉餅は必食の味。
ジャンル：イスラム料理　場所：東京都新宿区　TEL：03-6380-3360
URL：https://retty.me/area/PRE13/ARE661/SUB103/100001305781/

ティスカリ
「羊料理研究所」のイタリアン。前菜からデザートまで羊尽くし。
ジャンル：イタリアン　場所：東京都品川区
TEL：03-6420-3715　URL：http://obiettivo.life/shopinfo/

ヘンドリクス
教えたいけど内緒にしたい！　絶品のラムキーマカレー。
ジャンル：スパイス　場所：東京都渋谷区　TEL：03-3479-3857
URL：https://tabelog.com/tokyo/A1309/A130901/13007422/

東北人家 新館
羊肉特化型の中華。横浜の根強い人気店。
ジャンル：中華　場所：神奈川県横浜市中区
TEL：045-664-0888　URL：http://tohoku-jinka.com/?page_id=16

東北エリア

ジンギスカン誠
国産羊も積極的に取り入れている。こだわりはサフォーク。
ジャンル：ジンギスカン　場所：福島県
TEL：024-954-4610　URL：http://jingisukan-koriyama.com/

中国エリア

ラム肉バル結
富士山の溶岩石プレートで焼く羊肉のお店。
ジャンル：肉バル　場所：岡山県　TEL：086-230-2219
URL：https://tabelog.com/okayama/A3301/A330101/33014507/

九州エリア

羊狼館
老舗肉店がプロデュースする肉質が自慢のジンギスカン。
ジャンル：ジンギスカン　場所：福岡県
TEL：092-791-7470　URL：https://yorokan.jp/

北海道エリア

夜空のジンギスカン すすきの交差点前店
生ラムとたれ付け、産地別など食べ比べが楽しめる生ラム専門店。
ジャンル：ジンギスカン　場所：北海道札幌市
TEL：011-200-8929　URL：http://www.yozojin.com/

＊2019年2月時点の情報です。

レシピ考案シェフ

宮島由香里
みやじま・ゆかり

ザ・リッツ・カールトン東京ミシュラン1つ星獲得のメインダイニング、アジュール フォーティーファイブ スーシェフ。製菓専門学校を卒業後、都内のレストランで約8年間レストランデセールを学び、料理の世界へ。パティシエールのルーツを持つ女性フレンチシェフという独特の感性を生かし、繊細で華やか、そして優しさのある料理を創作する。
http://www.ritz-carlton.jp/restaurant/azure/

水岡孝和
みずおか・たかかず

南方中華料理 南三(みなみ)オーナーシェフ。さまざまな中華料理店で修業を重ね、「黒猫夜」銀座店では店長も務める。本格的に中華料理を学ぶため台湾に留学、台湾や中国の料理を食べ歩きその特徴を生かしながら、オリジナルの料理に発展させる。開店前から注目され、有名料理雑誌や中華料理サイトなどにも取り上げられ、連日満員の予約困難店。中華マニア必食の店ともいわれている。
https://tabelog.com/tokyo/A1309/A130903/13221235/

シャンカール・ノグチ

インドのスパイス商、調合師。他に、オーストラリア・ラムの魅力を発信している食のプロ集団「ラムバサダー」やスパイスの魅力を紹介している「東京スパイス番長」のメンバーとして、イベントやワークショップでインドカレーを作ったり、レシピ開発に携わったり、幅広い活動を展開。著書に『心とカラダにやさしい316種 増補改訂 ハーブ＆スパイス事典』(誠文堂新光社)、東京カリ～番長の名の共著で『世界一やさしいスパイスカレー教室』(マイナビ出版)、『スパイス生活』(地球丸)などがある。
HP:www.spinfoods.net
スパイス商品情報：www.spice.tokyo

福田健大郎
ふくだ・けんたろう

ろっかん店主。サラリーマンを数年経験した後、日本酒を扱う仕事に興味を持ち、和食見習いから始める。数件の店舗を経て店長まで経験し、後に荒木町に現店舗をオープン。地方を旅して生産者や職人さんたちとの交流を通し、発酵食品や熟成酒、羊肉を扱う店として地盤を築きながら2019年5月で6年目となり、予約必至の超人気店へと成長する。
店舗情報はFacebookにて「ろっかん」で検索

このページの情報は全て2019年2月時点の情報です。

羊肉が買えるネットショップ

ネットでは羊肉のさまざまな部位が気軽に買えます。以下に、羊齧協会のアンケートで上位になった3店を紹介します（順不同）。スーパーで買えない内臓などの部位も豊富に取り扱っており、色々な部位を使った応用レシピを作りたい人にもオススメです。

東洋肉店
サイトの作りがスタイリッシュで説明がわかりやすく根強い人気。オーナーがオーストラリアワインエキスパートでもあるので、ワインと羊の店と認識している人も多い。
TEL：01654-3-5511　http://www.29notoyo.co.jp/

なみかた羊肉店
今回レシピを作ってくれたシェフの一人もこちらのサイトを愛用。希少部位などの購入にもオススメ。
TEL：0120-355-229　https://www.umai.co.jp/

グルメソムリエ
ニュージーランド産がメイン。とにかく種類が多く見ていて楽しいサイト。やや上級者向け。
TEL：0120-000-029　https://www.gourmet-world.co.jp/shopping/

※その他羊肉を扱っているサイトはたくさんあります。皆さんもお気に入りの店を探してみてください。

羊肉に力を入れているスーパーマーケット

店舗によっては取り扱いのない場合もあります。首都圏の大手スーパーは羊肉を置いている場合が多く、下記一覧（50音順）以外でも取り扱いのあるスーパーはたくさんあります。近隣のスーパーや精肉店などで問い合わせてみてください。

※協会員アンケートを参考に作成。問い合わせには受付可能時間があります。

イオンリテール株式会社	https://www.aeonretail.jp/
コストコホールセールジャパン株式会社	https://www.costco.co.jp/　※全店舗羊あり
サミット株式会社	お客様サービス室：03-3318-5021　※全店舗羊あり
株式会社東急ストア	お客様相談室：03-3714-2480
株式会社原信・株式会社ナルス	お客様相談室：0120-811-655
株式会社 マルエツ	お客様用フリーコール：0120-371479
株式会社明治屋	広尾ストアー（代）：03-3444-6221
	玉川ストアー（代）：03-3709-2191
株式会社ヤオコー	お客様相談室：0120-46-7720
株式会社ヨークベニマル	お客様相談室：186-0120-409110
株式会社ライフコーポレーション	お客様相談室：0120-480-968

羊肉を扱っている輸入商社

羊齧協会に多く来る問い合わせの一つが「羊肉を仕入れたいので業者を紹介してほしい」です。そこで、飲食店や業者さん向けに業務用で羊を卸している企業を紹介します（順不同）。「業者向け」ですので、個人の方の問い合わせなどはご遠慮ください。店や企業などの業務用が対象です。

＊こちらの問い合わせは店舗などプロの方向けです。個人での問い合わせには対応できません。

トップ・トレーディング株式会社
営業部　TEL：03-5821-1180
取扱商品：オーストラリア・ニュージーランド・フランス産ラムおよびマトン

グローバル・ビジョン株式会社
営業本部　TEL：03-5623-0710
取扱商品：希少なアイスランド産ラムなど

株式会社ハーネットコーポレーション
営業2課　TEL：03-3443-7297（代）
取扱商品：オーストラリア産プレミアムパスチャーフェッドラム「トップパドック」

日本ハム株式会社
お客様サービス室　TEL：0120-286-114
取扱商品：オーストラリア産サフォーククロスラムを中心に幅広く羊肉を取り扱い

テンダープラスジャパン株式会社
TEL：03-5401-3431
取扱商品：オーストラリア産テンダープラス社ラム、セダー社ジンバブランドラム

※販売は問屋経由や宅急便経由などを通して行われる場合があります。
その他の肉の取り扱いも各社あります。

【取材・文章・調査協力（順不同）】

大谷悠也／廣瀬達也／松繁健司／松繁恭子／岡千晴／原田雄／佐藤佑季／西早稲田 中国茶「甘露」／原田尚子／今橋晃代

ひと振りで羊肉をおいしく調理。羊齧協会監修調味料

羊齧協会が毎年行う「羊フェスタ」限定販売商品として発売され、毎回売り切れとなる「羊肉専門調味料　羊名人（ヨウメイジン）」が2019年6月をめどに市販される予定です。

https://kojuken.co.jp/item/10325/　　＊2019年7月以降アクセス可能

＊2019年2月時点の情報です。

◆鶏節についてのお問い合せ
丸眞株式会社
〒252-0805 神奈川県藤沢市円行1-15-23
TEL：0466-88-8138
オンラインショップ　http://kezuribushi.ocnk.net/product/28

◆スパイスについてのお問い合わせ
株式会社インドアメリカン貿易商会
〒166-0016 東京都杉並区成田西1-16-38
TEL：03-3312-3636
オンラインショップ　http://www.spinfoods.net

デザイン・レイアウト	三橋理恵子（Quomodo DESIGN）
写真	渡辺充俊（講談社写真部）
イラスト	金城勇樹
校正	小森里美

星付き&予約が取れない店のシェフが教える かんたん 家庭で作るおいしい羊肉料理

2019年4月16日　第1刷発行

監　修	菊池一弘（きくちかずひろ）
発行者	渡瀬昌彦
発行所	株式会社　講談社
	〒112-8001　東京都文京区音羽2-12-21
	販売　TEL03-5395-3606
	業務　TEL03-5395-3615
編　集	株式会社　講談社エディトリアル
代　表	堺　公江
	〒112-0013　東京都文京区音羽1-17-18　護国寺SIAビル6F
	編集部　TEL03-5319-2171
印刷所	半七写真印刷工業株式会社
製本所	株式会社国宝社

定価はカバーに表示してあります。
本書のコピー、スキャン、デジタル化等の無断複製は著作権法上での例外を除き禁じられております。
本書を代行業者等の第三者に依頼してスキャンやデジタル化することはたとえ個人や家庭内の利用でも著作権法違反です。
落丁本・乱丁本は、購入書店名を明記の上、講談社業務宛（03-5395-3615）にお送りください。
送料講談社負担にてお取り換えいたします。
なお、この本についてのお問い合わせは、講談社エディトリアル宛にお願いいたします。

© Kazuhiro Kikuchi 2019 Printed in Japan
ISBN978-4-06-515362-8